Behind The Scenes And Other Bilingual Italian-English Stories

Pomme Bilingual

Published by Pomme Bilingual, 2024.

While every precaution has been taken in the preparation of this book, the publisher assumes no responsibility for errors or omissions, or for damages resulting from the use of the information contained herein.

BEHIND THE SCENES AND OTHER BILINGUAL ITALIAN-ENGLISH STORIES

First edition. November 5, 2024.

ISBN: 979-8227685667

Written by Pomme Bilingual.

Table of Contents

Il Caffè di Mezzogiorno

In un piccolo paese della Sicilia, tra le colline assolate e le strade acciottolate, si trovava un caffè che tutti conoscevano: Il Caffè di Mezzogiorno. L'insegna di legno dipinta a mano ondeggiava leggermente nella brezza del mattino, e la sua proprietaria, Giulia, era già dietro al bancone, pronta a preparare i primi caffè della giornata.

Giulia era una donna dal sorriso dolce e dagli occhi attenti. Da anni gestiva il caffè con una grazia e un'attenzione che facevano sentire tutti i clienti a casa. Aveva un talento unico: sapeva leggere nei piccoli gesti, nelle espressioni sfuggenti dei suoi clienti, e comprendeva i loro pensieri più nascosti. Bastava loro ordinare un caffè, e Giulia sapeva cosa passava loro per la testa.

Ogni giorno, i clienti abituali si susseguivano nel piccolo caffè, e ognuno portava con sé una storia, un segreto, una preoccupazione o una speranza. C'era Antonio, il pescatore, che chiedeva sempre un caffè nero e amaro; Giulia sapeva che quel giorno non era andata bene la pesca, e Antonio era turbato. Poi c'era Maria, la giovane insegnante, che ordinava un cappuccino con una spruzzata di cacao ogni volta che aveva bisogno di conforto o quando pensava a qualcuno che le mancava. E così, giorno dopo giorno, Giulia osservava e ascoltava, offrendo qualche parola gentile o un semplice sorriso che spesso bastava.

Un giorno, un uomo che non aveva mai visto prima entrò nel caffè. Aveva un'aria affascinante e misteriosa, il volto coperto da una barba corta e curata, e gli occhi scuri che sembravano nascondere un segreto. Si avvicinò al bancone e ordinò un espresso con una voce profonda e calma. "Un caffè forte," disse, e Giulia avvertì una tensione, come un'ombra che avvolgeva quell'uomo.

"Benvenuto," disse lei, servendogli il caffè e osservandolo con curiosità. L'uomo la ringraziò e prese un piccolo sorso, poi posò la tazza e la guardò, quasi come se volesse dirle qualcosa. Giulia non chiese nulla, ma sentiva che quell'uomo, Lorenzo, come scoprì più tardi si chiamava, aveva una storia da raccontare.

Nei giorni seguenti, Lorenzo tornò al caffè ogni mattina, sempre alla stessa ora. Ogni volta ordinava un caffè diverso, come se volesse nascondersi o forse cercare qualcosa che solo lui poteva capire. Giulia continuava a osservarlo, con discrezione, aspettando che fosse lui a parlare.

Finalmente, un mattino, Lorenzo si sedette al tavolino vicino alla finestra, il viso rivolto alla luce del sole. Dopo aver finito il suo caffè, fece un respiro profondo e si rivolse a Giulia. "Sai, ho viaggiato molto, ma c'è sempre qualcosa che mi riporta qui in Sicilia," disse, la voce velata di malinconia.

Giulia gli sorrise, con gentilezza. "A volte il cuore ha bisogno di tornare a casa, anche se non sempre capiamo perché."

Lorenzo la guardò, colpito da quelle parole. Lentamente, iniziò a raccontarle la sua storia: anni prima, era partito dalla Sicilia per cercare fortuna altrove, ma la vita gli aveva riservato delle sfide difficili. Aveva lasciato dietro di sé una vita intera, compresi i legami che ora sentiva di aver tradito. Tornare in Sicilia era per lui una specie di riscatto, una seconda possibilità.

Mentre Lorenzo parlava, Giulia ascoltava in silenzio, sentendo crescere dentro di sé una compassione profonda per quest'uomo, che cercava il perdono e una nuova strada. Lei capì che in qualche modo, Lorenzo aveva bisogno di trovare pace, e forse era giunto proprio a Il Caffè di Mezzogiorno per questo.

Nei giorni successivi, Lorenzo continuò a venire al caffè, e Giulia si accorse che anche lei stava cambiando. Le parole di Lorenzo la facevano riflettere sulla propria vita, sulle scelte che aveva fatto. Per anni aveva vissuto nel suo piccolo mondo, tra caffè e biscotti, ma ora sentiva una voglia di avventura, un desiderio di conoscere di più, di capire il mondo che si estendeva oltre le colline siciliane.

Un mattino, mentre serviva un ultimo caffè a Lorenzo prima che partisse per l'ennesimo viaggio, Giulia prese una decisione. Con un sorriso che le illuminava il volto, gli disse: "Forse anche io dovrei viaggiare, un giorno. Forse dovrei vedere il mondo che tanto ti affascina."

Lorenzo la guardò con sorpresa e ammirazione. "A volte partire è necessario per capire davvero chi siamo," rispose, prendendole la mano in un gesto sincero.

Così, quel giorno, mentre Lorenzo lasciava il caffè per proseguire il suo viaggio, Giulia rimase lì, a guardarlo allontanarsi con un nuovo senso di libertà e di possibilità. Sapeva che un giorno avrebbe chiuso le porte del Caffè di Mezzogiorno per intraprendere il suo viaggio, forse proprio come Lorenzo.

Per ora, però, restava nel suo piccolo caffè, consapevole di aver trovato in quell'incontro un nuovo inizio, una nuova storia da raccontare.

The Noon Café

In a small town in Sicily, nestled among sun-drenched hills and cobblestone streets, there was a café known by all: The Noon Café. The hand-painted wooden sign swayed gently in the morning breeze, and its owner, Giulia, was already behind the counter, ready to prepare the first coffees of the day.

Giulia was a woman with a sweet smile and attentive eyes. She had been running the café for years with grace and care, making every customer feel at home. She had a unique talent: she could read the small gestures, the fleeting expressions of her patrons, and understand their deepest thoughts. Just by ordering a coffee, Giulia knew what was on their minds.

Every day, regular customers came and went at the little café, each carrying a story, a secret, a worry, or a hope. There was Antonio, the fisherman, who always ordered a black, bitter coffee; Giulia knew that the fishing hadn't gone well that day, and Antonio was troubled. Then there was Maria, the young teacher, who ordered a cappuccino with a sprinkle of cocoa whenever she needed comfort or when she thought of someone she missed. Day after day, Giulia observed and listened, offering a kind word or a simple smile that often sufficed.

One day, a man Giulia had never seen before entered the café. He had a charming yet mysterious air about him, his face covered with a short, well-groomed beard, and dark eyes that seemed to hide a secret. He approached the counter and ordered an espresso with a deep, calm voice. "A strong coffee," he said, and Giulia felt a tension in the air, like a shadow enveloping the man.

"Welcome," she said, serving him the coffee and watching him with curiosity. The man thanked her and took a small sip, then set the cup down and looked at her, as if he wanted to say something. Giulia didn't ask anything, but she felt that this man, Lorenzo, as she later discovered he was called, had a story to tell.

In the following days, Lorenzo returned to the café every morning, always at the same hour. Each time, he ordered a different coffee, as if he wanted to hide himself or perhaps seek something that only he could understand. Giulia continued to watch him discreetly, waiting for him to speak.

Finally, one morning, Lorenzo sat at a table by the window, his face turned toward the sunlight. After finishing his coffee, he took a deep breath and turned to Giulia. "You know, I've traveled a lot, but there's always something that brings me back here to Sicily," he said, his voice tinged with melancholy.

Giulia smiled at him kindly. "Sometimes the heart needs to return home, even if we don't always understand why."

Lorenzo looked at her, struck by her words. Slowly, he began to share his story: years ago, he had left Sicily to seek fortune elsewhere, but life had thrown him difficult challenges. He had left behind an entire life, including bonds he now felt he had betrayed. Returning to Sicily was a sort of redemption for him, a second chance.

As Lorenzo spoke, Giulia listened in silence, feeling a deep compassion grow within her for this man who was seeking forgiveness and a new path. She understood that in some way, Lorenzo needed to find peace, and perhaps he had come to The Noon Café for that very reason.

In the following days, Lorenzo continued to visit the café, and Giulia realized that she too was changing. Lorenzo's words made her reflect on her own life and the choices she had made. For years, she had lived in her small world, among coffee and cookies, but now she felt a yearning for adventure, a desire to know more and to understand the world that stretched beyond the Sicilian hills.

One morning, as she served Lorenzo a final coffee before he set off on yet another journey, Giulia made a decision. With a smile that lit up her face, she said, "Perhaps I should travel too, one day. Maybe I should see the world that fascinates you so much."

Lorenzo looked at her with surprise and admiration. "Sometimes leaving is necessary to truly understand who we are," he replied, taking her hand in a sincere gesture.

So, that day, as Lorenzo left the café to continue his journey, Giulia remained there, watching him walk away with a newfound sense of freedom and possibility. She knew that one day, she would close the doors of The Noon Café to embark on her own journey, perhaps just like Lorenzo.

For now, however, she stayed in her little café, aware that in that meeting she had found a new beginning, a new story to tell.

Dietro le Quinte

Nel cuore di Roma, tra le vie caotiche e i palazzi storici, si trovava un teatro che, pur non essendo grande, era famoso per le sue rappresentazioni intense e coinvolgenti. Il Teatro dell'Anima, come veniva chiamato, era il luogo dove Marco, un drammaturgo che lottava per farsi un nome, tentava di dare vita alla sua ultima opera. Era un uomo di talento, ma la vita non gli aveva risparmiato difficoltà. La sua scrittura era spesso ispirata dai conflitti che aveva vissuto e dalle sue disillusioni sulla natura umana.

Quella stagione, Marco aveva scritto un'opera dal titolo Ombre e Luci, un dramma che esplorava l'amore, il tradimento e l'ambizione. Era una storia complessa, con personaggi tormentati e pieni di contraddizioni, che sembravano rispecchiare lui stesso. Sofia, la sua attrice protagonista, era stata scelta per il ruolo principale. Giovane, idealista e determinata, Sofia vedeva nel teatro una forma di verità assoluta e pensava che, con la recitazione, potesse rivelare ciò che la gente spesso nasconde.

I giorni di prove erano intensi, e Marco e Sofia passavano ore a discutere, ad analizzare ogni battuta, ogni sguardo, ogni pausa. La tensione tra loro cresceva man mano che si immergevano sempre di più nei ruoli. Per Sofia, il teatro era una missione, un modo per rendere giustizia alla verità, anche quando questa era scomoda. Per Marco, invece, il teatro era un'arma, uno strumento per raccontare la realtà dura della vita.

"Questa scena non funziona, Sofia," le disse Marco un pomeriggio, frustrato. "Non riesci a trasmettere il dolore, la disillusione. La tua interpretazione è troppo ingenua, troppo... idealista."

Sofia lo fissò, ferita ma risoluta. "Forse perché tu non credi più in niente, Marco. Per te, il mondo è solo oscurità. Ma io... io credo ancora nella speranza, nel fatto che l'amore possa salvare."

Marco sorrise amaramente. "L'amore è una menzogna, Sofia. È solo un'illusione che ci raccontiamo per non affrontare la verità."

Queste discussioni, a volte dolorose, a volte appassionate, continuarono per giorni. Ogni prova diventava una battaglia, non solo tra i loro personaggi, ma tra le loro visioni opposte della vita. Più si avvicinava la sera della prima, più la tensione aumentava. La recitazione di Sofia era diventata così profonda che sembrava vivere davvero le emozioni del suo personaggio, una donna che aveva amato e che era stata tradita.

Una sera, dopo un'intensa prova, Sofia si fermò sul palco, guardando Marco con uno sguardo che non aveva nulla a che fare con il copione. "Dimmi, Marco," disse con una voce che tremava leggermente, "credi davvero che non ci sia nulla di vero nell'amore? Che siamo tutti destinati a tradire?"

Marco la guardò, sorpreso e disarmato dalla sua domanda. Per un attimo abbassò la guardia, lasciando intravedere una vulnerabilità che raramente mostrava. "Non lo so, Sofia. Forse una volta ci ho creduto. Ma la vita... la vita mi ha insegnato a non fidarmi, nemmeno di me stesso."

Sofia rimase in silenzio, cercando di capire quell'uomo che, nonostante il suo cinismo, sembrava portare dentro un dolore profondo e nascosto. Forse era proprio quel dolore a renderlo un drammaturgo così potente, ma al tempo stesso a tenerlo lontano dalla felicità.

Arrivò finalmente la notte della prima. Il teatro era pieno, e l'aria era carica di aspettativa. Mentre le luci si abbassavano e il sipario si alzava, Sofia si sentì pervasa da un'intensità che andava oltre il semplice ruolo. Mentre recitava, il confine tra realtà e finzione sembrava dissolversi. Ogni battuta era un dialogo non solo con il pubblico, ma con Marco, con quell'uomo che forse non avrebbe mai capito fino in fondo.

La scena clou dell'opera arrivò: il momento in cui il suo personaggio doveva affrontare il tradimento dell'uomo che amava. Sofia si voltò verso l'attore che interpretava il ruolo opposto, ma in quel momento era come se stesse parlando a Marco stesso.

"Come hai potuto tradirmi?" gridò, con una passione che fece rabbrividire il pubblico. "Mi hai fatto credere nell'amore, nella verità, solo per distruggermi!"

La sua voce riecheggiò nel teatro, e una lacrima le scese lungo la guancia. Anche Marco, dietro le quinte, restò colpito da quella sincerità. Forse, per la prima volta, capì che Sofia non stava solo recitando; stava esprimendo qualcosa di profondamente personale.

Quando l'opera finì e il pubblico esplose in un fragoroso applauso, Sofia e Marco si trovarono faccia a faccia nel backstage.

Non c'erano più battute da recitare, nessuna maschera da indossare.

"Sei stata straordinaria," le disse Marco, con un tono che non aveva mai usato prima.

Sofia lo guardò negli occhi, senza rispondere subito. "Forse c'è più verità in questo palco di quanto pensiamo, Marco. A volte, per trovare la verità, dobbiamo affrontare le nostre stesse ombre."

Marco abbassò lo sguardo, consapevole che le parole di Sofia erano destinate anche a lui. Aveva passato la vita a fuggire dalla verità su se stesso, a nascondersi dietro personaggi e storie. Ma forse, come Sofia aveva detto, era tempo di guardare in faccia le proprie ombre e trovare una nuova strada, non solo come drammaturgo, ma come uomo.

Da quella notte, il Teatro dell'Anima non fu più lo stesso, e nemmeno Marco e Sofia lo furono.

Behind the Scenes

In the heart of Rome, amidst chaotic streets and historic buildings, there stood a theater that, although not large, was famous for its intense and engaging performances. The Teatro dell'Anima, as it was called, was where Marco, a playwright struggling to make a name for himself, tried to bring his latest work to life. He was a talented man, but life had not spared him hardships. His writing was often inspired by the conflicts he had experienced and his disillusionments with human nature.

That season, Marco had written a play titled Shadows and Lights, a drama that explored love, betrayal, and ambition. It was a complex story, with tortured characters full of contradictions, reflecting himself. Sofia, his leading actress, had been chosen for the main role. Young, idealistic, and determined, Sofia saw theater as a form of absolute truth and believed that through acting, she could reveal what people often hide.

Rehearsal days were intense, and Marco and Sofia spent hours discussing and analyzing every line, every glance, every pause. The tension between them grew as they immersed themselves deeper into their roles. For Sofia, theater was a mission, a way to give justice to the truth, even when it was uncomfortable. For Marco, however, theater was a weapon, a tool to tell the harsh realities of life.

"This scene isn't working, Sofia," he said one afternoon, frustrated. "You're not conveying the pain, the disillusionment. Your interpretation is too naive, too... idealistic."

Sofia stared at him, hurt but resolute. "Maybe it's because you no longer believe in anything, Marco. To you, the world is just darkness. But I... I still believe in hope, in the idea that love can save."

Marco smiled bitterly. "Love is a lie, Sofia. It's just an illusion we tell ourselves to avoid facing the truth."

These discussions, sometimes painful, sometimes passionate, continued for days. Every rehearsal became a battle, not only between their characters but between their opposing visions of life. As opening night approached, the tension increased. Sofia's performance had become so profound that it seemed she truly lived the emotions of her character, a woman who had loved and been betrayed.

One evening, after an intense rehearsal, Sofia stood on stage, looking at Marco with a gaze that had nothing to do with the script. "Tell me, Marco," she said, her voice trembling slightly, "do you really believe there's nothing true in love? That we're all destined to betray?"

Marco looked at her, surprised and disarmed by her question. For a moment, he let his guard down, revealing a vulnerability he rarely showed. "I don't know, Sofia. Maybe I once believed it. But life... life has taught me not to trust, not even myself."

Sofia fell silent, trying to understand this man who, despite his cynicism, seemed to carry within him a deep, hidden pain. Perhaps it was that pain that made him such a powerful playwright, yet at the same time kept him away from happiness.

Finally, the night of the premiere arrived. The theater was full, and the air was thick with anticipation. As the lights dimmed and the curtain rose, Sofia felt a surge of intensity that went beyond the mere role. As she performed, the boundary between reality and fiction seemed to dissolve. Each line was a dialogue not only with the audience but with Marco, with that man whom she might never fully understand.

The climactic scene of the play came: the moment when her character had to confront the betrayal of the man she loved. Sofia turned to the actor playing the opposing role, but in that moment, it was as if she were speaking to Marco himself.

"How could you betray me?" she shouted, with a passion that sent shivers through the audience. "You made me believe in love, in truth, only to destroy me!"

Her voice echoed in the theater, and a tear rolled down her cheek. Even Marco, backstage, was struck by that sincerity. Perhaps, for the first time, he understood that Sofia wasn't just acting; she was expressing something deeply personal.

When the play ended and the audience erupted in thunderous applause, Sofia and Marco found themselves face to face backstage. There were no lines left to recite, no masks to wear.

"You were extraordinary," Marco told her, in a tone he had never used before.

Sofia looked into his eyes, not responding immediately. "Perhaps there's more truth on this stage than we think, Marco. Sometimes, to find the truth, we must confront our own shadows."

Marco lowered his gaze, aware that Sofia's words were also meant for him. He had spent his life running away from the truth about himself, hiding behind characters and stories. But perhaps, as Sofia had said, it was time to face his own shadows and find a new path, not only as a playwright but as a man.

From that night on, the Teatro dell'Anima would never be the same, and neither would Marco and Sofia.

Una Passeggiata nel Passato

Clara si trovava sulla strada che conduceva al suo vecchio casale affacciato sul Lago di Como, il cuore di una vita che sembrava essersi fermato nel tempo. L'aria era fresca e il profumo degli alberi di limone in fiore si mescolava con l'odore umido della terra. Ogni passo la avvicinava di più ai ricordi che l'attendevano, come onde che si infrangono dolcemente sulla riva.

Era tornata dopo anni di assenza, anni trascorsi tra le pagine di libri e le strade affollate delle città, dove aveva cercato di costruire una carriera da scrittrice. Ma ora, in questo posto, si sentiva intrappolata in un passato che non la lasciava andare. La sua mente era un labirinto di pensieri, ognuno dei quali legato a Elena, sua madre, che l'aveva lasciata troppo presto. La casa era come una fotografia sbiadita, un luogo dove la vita si era fermata, e i ricordi di Elena erano appesi come quadri sulle pareti.

Mentre Clara attraversava il giardino, i fiori sbocciati sembravano sussurrare storie dimenticate. Si fermò davanti al grande albero di castagno, dove, da bambina, aveva passato ore a giocare con sua madre. Era lì che Elena le raccontava storie di avventure lontane, di mondi fantastici e di sogni mai realizzati. Ma Clara sapeva che quelle storie erano anche un modo per nascondere le frustrazioni di una vita vissuta in cerca di qualcosa che sembrava sempre sfuggente.

Sedette su una panchina di legno, lo sguardo perso sul lago. L'acqua brillava sotto il sole, ma dentro di lei c'era un'oscurità che non riusciva a scacciare. Ripensò alle ultime conversazioni con sua madre, ai sogni che Elena non aveva mai avuto il coraggio di perseguire: un romanzo incompiuto, un viaggio in terre lontane, una vita di avventure. Clara sentiva il peso di queste mancanze, come se ogni sogno non realizzato fosse una catena che la legava al passato.

Le parole di sua madre le tornavano in mente: "Non lasciare che la paura ti fermi, Clara. La vita è un'opera d'arte, e tu sei la pittrice." Ma come poteva lei, ora, abbracciare quella filosofia? Clara si sentiva bloccata, insoddisfatta della sua vita di scrittrice, in cui si sentiva più una copia di se stessa che un'autentica creatrice.

In quel momento di riflessione, un'immagine si formò nella sua mente. Si ricordò di quando, da ragazza, aveva trovato un vecchio diario di sua madre nascosto in un cassetto. Le pagine erano piene di pensieri, sogni, e speranze, ma anche di dubbi e paure. Elena scriveva di ciò che avrebbe voluto essere, di come la vita l'aveva portata su sentieri inaspettati. Clara capì che la sua madre aveva vissuto non solo per lei, ma anche per i suoi sogni mai realizzati.

Quella consapevolezza le colpì come un fulmine. Era come se Clara avesse appena riscoperto una parte di sé stessa, una scintilla di creatività che aveva sempre desiderato esplorare, ma che aveva temuto di lasciare emergere. Si alzò dalla panchina, il cuore pulsante di nuove idee. Le parole del diario di sua madre si mescolavano alle sue, creando una melodia che sentiva di dover seguire.

Iniziò a camminare lungo la riva del lago, con la mente in fermento. Le immagini del passato si sovrapponevano a quelle del presente, e Clara si sentì finalmente in sintonia con il mondo che la circondava. La luce del sole che filtrava attraverso gli alberi le sembrava un segnale, un invito a riscoprire la propria voce, a dare vita ai suoi sogni e a onorare l'eredità di sua madre.

La casa, che un tempo sembrava un luogo di ombre, ora le appariva come un rifugio di ispirazione. Clara decise di tornare a scrivere, non solo per se stessa, ma anche per Elena, per raccontare le storie non solo di ciò che era stato, ma di ciò che avrebbe potuto essere.

Con il cuore leggero e la mente aperta, Clara sapeva che la sua passeggiata nel passato non era stata solo un viaggio attraverso il ricordo, ma una rinascita. Finalmente, stava per iniziare a vivere la vita che sua madre avrebbe sempre desiderato per lei. E così, mentre il sole tramontava sul lago, Clara si sentì pronta ad abbracciare il futuro, con i sogni di sua madre che danzavano con i suoi, creando un legame che trascendeva il tempo.

A Walk Through the Past

Clara stood on the road leading to her old farmhouse overlooking Lake Como, the heart of a life that seemed to have paused in time. The air was fresh, and the scent of blooming lemon trees mixed with the damp earth. Each step brought her closer to the memories waiting for her, like gentle waves lapping at the shore.

She had returned after years of absence, years spent among the pages of books and the crowded streets of cities, where she had tried to build a career as a writer. But now, in this place, she felt trapped in a past that wouldn't let her go. Her mind was a labyrinth of thoughts, each linked to Elena, her mother, who had left her far too soon. The house was like a faded photograph, a place where life had stopped, and Elena's memories hung like paintings on the walls.

As Clara walked through the garden, the blooming flowers seemed to whisper forgotten stories. She stopped in front of the large chestnut tree, where as a child she had spent hours playing with her mother. It was there that Elena told her stories of distant adventures, fantastical worlds, and unfulfilled dreams. But Clara knew that those stories were also a way to hide the frustrations of a life lived in search of something that always seemed elusive.

She sat on a wooden bench, her gaze lost on the lake. The water sparkled in the sunlight, but inside her, there was a darkness she couldn't shake off. She reflected on her last conversations with her mother, the dreams that Elena had never had the courage to pursue: an unfinished novel, a journey to faraway lands, a life full of adventures. Clara felt the weight of these unfulfilled aspirations, as if each unrealized dream were a chain binding her to the past.

Her mother's words echoed in her mind: "Don't let fear stop you, Clara. Life is a work of art, and you are the painter." But how could she, now, embrace that philosophy? Clara felt stuck, dissatisfied with her life as a writer, where she felt more like a copy of herself than an authentic creator.

In that moment of reflection, an image formed in her mind. She remembered finding an old diary of her mother's hidden in a drawer when she was a girl. The pages were filled with thoughts, dreams, and hopes, but also with doubts and fears. Elena wrote about what she had wanted to be, how life had led her down unexpected paths. Clara realized that her mother had lived not only for her but also for her own unrealized dreams.

This realization struck her like lightning. It was as if Clara had just rediscovered a part of herself, a spark of creativity she had always wanted to explore but had been afraid to let emerge. She got up from the bench, her heart racing with new ideas. The words from her mother's diary intertwined with her own, creating a melody she felt compelled to follow.

She began walking along the lake's edge, her mind buzzing. Images from the past overlapped with those of the present, and Clara finally felt in tune with the world around her. The sunlight filtering through the trees felt like a signal, an invitation to rediscover her voice, to bring her dreams to life, and to honor her mother's legacy.

The house, which once seemed a place of shadows, now appeared to her as a refuge of inspiration. Clara decided to return to writing, not just for herself but also for Elena, to tell the stories not only of what had been but of what could have been.

With a light heart and an open mind, Clara knew that her walk through the past had not just been a journey through memory but a rebirth. She was finally ready to live the life her mother had always wished for her. And so, as the sun set over the lake, Clara felt prepared to embrace the future, with her mother's dreams dancing alongside her own, creating a bond that transcended time.

Le Lettere di Venezia

Andrea si aggirava tra le calli di Venezia, la sua città natale, con uno spirito curioso e una mente creativa. Era un giovane artista, impegnato a catturare l'essenza dei canali e delle antiche architetture con i suoi colori ad olio. Tuttavia, quella mattina, una strana sensazione lo guidò verso un mercatino delle pulci, dove tra gli oggetti dimenticati si trovava un vecchio baule di legno. L'oggetto attirò la sua attenzione, come se avesse una storia da raccontare.

Con un gesto impaziente, aprì il baule e al suo interno trovò una serie di lettere ingiallite, con inchiostro svanito e timbri di epoche passate. Era curioso: quelle lettere appartenevano a Rosa, sua nonna, una figura della quale ricordava solo vagamente il sorriso e la dolcezza. Andrea decise di portare a casa il baule, ansioso di scoprire i segreti che si celavano tra quelle pagine.

Seduto nel suo studio, con il profumo del caffè che permeava l'aria, Andrea iniziò a leggere le lettere. Con ogni parola, si sentiva trasportato nel passato, nel mondo di Rosa, una giovane donna intrappolata tra i suoi desideri e le aspettative sociali del tempo. Le lettere rivelavano una storia d'amore clandestina con Pietro, un uomo proveniente da una classe sociale inferiore. Le parole di Rosa danzavano davanti ai suoi occhi, descrivendo un amore così intenso da far vibrare il cuore.

Pietro era un giovane appassionato, con gli occhi luminosi come il cielo di primavera. Le lettere raccontavano di incontri furtivi lungo i canali, di passeggiate sotto le stelle e di sussurri di promesse. Ma dietro la dolcezza di quei momenti, si nascondeva una lotta. Rosa scriveva delle pressioni della famiglia, delle convenzioni sociali che minacciavano di separarla da Pietro, e delle notti insonni trascorse a chiedersi se il suo amore fosse abbastanza forte da sfidare il destino.

Andrea si sentiva sempre più coinvolto nella storia, come se i battiti del cuore di Rosa si unissero ai suoi. Era un amore proibito, un legame che sfidava le norme e le aspettative. Le parole di sua nonna lo facevano riflettere sulla natura del sacrificio, sulle scelte che una persona deve affrontare in nome dell'amore. Ogni lettera si chiudeva con un tocco di malinconia, un messaggio che lasciava Andrea desideroso di scoprire cosa fosse successo.

Mentre le pagine si accumulavano, Andrea cominciò a comprendere il coraggio di Rosa. Non era solo una storia d'amore; era una testimonianza della resilienza umana, della forza di affrontare le avversità. Le lettere descrivevano il momento in cui Rosa decise di prendere una posizione, di lottare per ciò in cui credeva, mettendo in discussione il destino che le era stato imposto. In quel momento, Andrea si rese conto che Rosa non era solo la nonna dolce e amorevole che conosceva, ma anche una donna audace, capace di rompere le catene della tradizione.

Quando arrivò l'ultima lettera, un misto di emozioni pervase il cuore di Andrea. Rosa parlava di una scelta definitiva, una decisione che avrebbe cambiato per sempre il corso della sua vita. Nonostante i rischi, aveva scelto l'amore, scommettendo su un futuro incerto con Pietro. Andrea capì che quella scelta, sebbene difficile, era stata l'unica che avesse davvero senso per lei.

Con le lettere sparse sul tavolo, Andrea si sentì ispirato. Decise di creare un'opera d'arte che raccontasse la storia di Rosa e Pietro, un dipinto che catturasse l'essenza di quel loro amore eterno. Voleva rendere omaggio alla forza e alla vulnerabilità di sua nonna, dimostrando che l'amore, anche se proibito, è un potente motore di vita.

Nei giorni seguenti, lavorò instancabilmente, trasformando le emozioni delle lettere in colori e forme sulla tela. Ogni colpo di pennello era una dedica, un tributo alla resilienza di Rosa, un modo per far rivivere la sua storia in un tempo che sembrava dimenticare le battaglie del cuore.

Infine, quando il dipinto fu completato, Andrea si sentì in pace. Era riuscito a portare alla luce una parte della sua famiglia che non aveva mai conosciuto davvero. Con un sorriso, si rese conto che l'amore di Rosa per Pietro viveva ancora, non solo nelle sue lettere, ma anche nel suo cuore e nelle sue opere. E così, mentre Venezia brillava sotto il sole, Andrea decise che le storie, anche quelle più nascoste, meritavano di essere raccontate e celebrate.

The Letters of Venice

Andrea wandered through the narrow streets of Venice, his hometown, with a curious spirit and a creative mind. He was a young artist, dedicated to capturing the essence of the canals and the ancient architecture with his oil paints. However, that morning, a strange feeling guided him toward a flea market, where, among the forgotten objects, he found an old wooden trunk. The object caught his attention, as if it held a story waiting to be told.

With an impatient gesture, he opened the trunk and found a series of yellowed letters inside, with faded ink and stamps from long-gone eras. Curiosity piqued, he discovered that these letters belonged to Rosa, his grandmother, a figure whose smile and sweetness he only vaguely remembered. Andrea decided to take the trunk home, eager to uncover the secrets hidden among those pages.

Seated in his studio, the aroma of coffee filling the air, Andrea began to read the letters. With each word, he felt transported to the past, to Rosa's world—a young woman caught between her desires and the societal expectations of her time. The letters revealed a clandestine love affair with Pietro, a man from a lower social class. Rosa's words danced before his eyes, describing a love so intense that it made his heart resonate.

Pietro was a passionate young man, with eyes as bright as the spring sky. The letters spoke of secret meetings along the canals, of walks under the stars, and whispers of promises. But behind the sweetness of those moments lay a struggle. Rosa wrote about the pressures of her family, the social conventions that threatened to tear her away from Pietro, and the sleepless nights spent wondering if her love was strong enough to defy fate.

The more he read, the more Andrea became engrossed in the story, as if Rosa's heartbeat intertwined with his own. It was a forbidden love, a bond that challenged norms and expectations. His grandmother's words made him reflect on the nature of sacrifice and the choices one must face in the name of love. Each letter ended with a touch of melancholy, a message that left Andrea yearning to discover what had happened.

As the pages piled up, Andrea began to understand Rosa's courage. This was not merely a love story; it was a testament to human resilience, a strength to face adversity. The letters described the moment Rosa decided to take a stand, to fight for what she believed in, questioning the destiny imposed upon her. In that moment, Andrea realized that Rosa was not just the sweet, loving grandmother he knew, but also a bold woman capable of breaking the chains of tradition.

When he reached the last letter, a mix of emotions filled Andrea's heart. Rosa spoke of a definitive choice, a decision that would forever change the course of her life. Despite the risks, she had chosen love, betting on an uncertain future with Pietro. Andrea understood that this choice, though difficult, was the only one that truly made sense for her.

With the letters scattered across the table, Andrea felt inspired. He decided to create a piece of art that told the story of Rosa and Pietro, a painting that would capture the essence of their eternal love. He wanted to pay tribute to his grandmother's strength and vulnerability, demonstrating that love, even when forbidden, is a powerful force of life.

In the following days, he worked tirelessly, transforming the emotions of the letters into colors and forms on the canvas. Each brushstroke was a dedication, a tribute to Rosa's resilience, a way to revive her story in a time that seemed to forget the battles of the heart.

Finally, when the painting was completed, Andrea felt at peace. He had managed to bring to light a part of his family that he had never truly known. With a smile, he realized that Rosa's love for Pietro still lived on, not only in her letters but also in his heart and his works. And so, as Venice sparkled under the sun, Andrea decided that stories, even the most hidden, deserved to be told and celebrated.

La Casa dei Sogni Perduti

Alba si trovava in cima a una collina in Toscana, con il sole che si rifletteva sul paesaggio mozzafiato. Aveva ereditato una villa abbandonata, un'antica dimora che, secondo le leggende locali, un tempo era stata un convento per giovani donne in difficoltà. La sua bellezza decadente e il mistero che circondava la villa la affascinavano, e non poté fare a meno di sentirsi attratta dalla storia che si celava tra le sue mura.

Nonostante l'aspetto trascurato, Alba vedeva il potenziale della villa. Decise di ristrutturarla, immaginando un futuro luminoso. Ogni giorno, mentre lavorava, scopriva nuovi angoli della casa: affreschi sbiaditi, stanze segrete e giardini selvaggi. Ma ciò che la colpì di più fu una piccola libreria nascosta in una delle stanze, piena di volumi polverosi e lettere ingiallite. Le pagine raccontavano di donne che avevano vissuto lì, ognuna con la propria storia di lotta e speranza.

Tra i documenti, Alba trovò una serie di lettere appartenenti a Beatrice, una giovane donna scomparsa misteriosamente molti anni prima. Le parole di Beatrice, scritte con passione e angoscia, la rapirono. Rivelavano il desiderio di libertà di una ragazza che si sentiva intrappolata in un mondo che non le apparteneva. Le lettere parlavano di sogni infranti, di amori impossibili e di una vita che sfuggiva a ogni tentativo di cattura.

Alba si sentiva sempre più legata alla storia di Beatrice. Mentre continuava a ristrutturare la villa, sentiva come se la presenza di

Beatrice la seguisse, una sorta di spirito guida che la spingeva a esplorare più a fondo la verità sulla sua vita e sulla sua scomparsa. Ogni sera, mentre il sole tramontava dietro le colline, Alba si sedeva nella biblioteca e leggeva le lettere ad alta voce, sperando che le parole potessero evocare il fantasma della giovane donna.

La ricerca di Alba si trasformò in un'ossessione. Visitava i villaggi vicini, parlava con gli anziani e cercava di scoprire di più su Beatrice. Scoprì che la ragazza aveva un amore segreto, un giovane artista di nome Luca, e che i due erano stati divisi da forze esterne, le aspettative sociali e le convenzioni. La passione tra loro era forte, ma la paura e la repressione avevano avuto la meglio, portando Beatrice a fuggire in un disperato tentativo di trovare la libertà.

Un giorno, mentre esplorava un vecchio mercato dell'antiquariato, Alba trovò un dipinto che catturò la sua attenzione. Era un ritratto di Beatrice, realizzato da Luca. Gli occhi della ragazza sembravano guardarla con una profonda tristezza, ma anche con un invito a scoprire la verità. Alba capì che doveva andare più a fondo, non solo per Beatrice, ma anche per se stessa.

Con il passare del tempo, la villa iniziò a prendere vita. I lavori di ristrutturazione progredivano, ma Alba si sentiva sempre più tormentata dalla storia di Beatrice. Finalmente, una notte, mentre si trovava nella biblioteca, sentì una presenza tangibile. Un fruscio leggero, come un sussurro nel vento, la fece voltare. La figura di Beatrice sembrava materializzarsi tra le ombre, e Alba capì che era arrivato il momento di scoprire la verità.

Decise di organizzare una ricerca nel bosco vicino alla villa, dove si diceva che Beatrice fosse scomparsa. Con il cuore che batteva forte, Alba si avventurò nel fitto degli alberi, seguendo un sentiero che sembrava portarla verso un destino predestinato. Dopo ore di cammino, si imbatté in un vecchio pozzo abbandonato. Le voci nel vento sembravano chiamarla, e Alba capì che quello era il luogo in cui Beatrice aveva cercato la libertà.

Con le lacrime agli occhi, si inginocchiò accanto al pozzo. In quel momento, la storia di Beatrice si intrecciò con la sua. Entrambe le donne, seppur in epoche diverse, avevano cercato la libertà e il senso della propria identità. Alba, con il cuore gonfio di emozioni, sussurrò il nome di Beatrice, chiedendo perdono per non aver capito prima la profondità della sua sofferenza.

La villa, una volta abbandonata e dimenticata, ora era un simbolo di speranza e rinascita. Alba, consapevole del potere delle storie e della connessione con il passato, decise di trasformare la casa in un rifugio per giovani donne in cerca di riscatto. Voleva che la Casa dei Sogni Perduti diventasse un luogo di supporto e crescita, un modo per onorare la memoria di Beatrice e delle altre donne che avevano abitato quel luogo.

Così, mentre il sole tramontava ancora una volta sulle colline toscane, Alba si sentì finalmente in pace. Aveva trovato la sua strada e, attraverso la storia di Beatrice, aveva scoperto la propria identità e la forza di sognare. La villa non era più solo una casa abbandonata, ma un luogo dove le storie di sogni perduti potevano finalmente risorgere.

The House of Lost Dreams

Alba stood atop a hill in Tuscany, the sun reflecting off the breathtaking landscape. She had inherited an abandoned villa, an ancient residence that, according to local legends, had once been a convent for young women in distress. Its decaying beauty and the mystery surrounding the villa captivated her, and she felt irresistibly drawn to the story hidden within its walls.

Despite its neglected appearance, Alba saw the villa's potential. She decided to restore it, imagining a bright future. Every day, as she worked, she discovered new corners of the house: faded frescoes, secret rooms, and wild gardens. But what struck her the most was a small, hidden library in one of the rooms, filled with dusty volumes and yellowed letters. The pages told of women who had lived there, each with her own tale of struggle and hope.

Among the documents, Alba found a series of letters belonging to Beatrice, a young woman who had mysteriously vanished many years before. Beatrice's words, written with passion and anguish, captivated her. They revealed the longing for freedom of a girl who felt trapped in a world that didn't belong to her. The letters spoke of shattered dreams, impossible loves, and a life slipping away from every attempt to grasp it.

Alba felt increasingly connected to Beatrice's story. As she continued to restore the villa, she sensed Beatrice's presence following her, a sort of guiding spirit urging her to delve deeper into the truth about her life and disappearance. Each evening, as the sun set behind the hills, Alba would sit in the library and read the letters aloud, hoping that the words could evoke the ghost of the young woman.

Alba's search turned into an obsession. She visited nearby villages, spoke with the elders, and sought to uncover more about Beatrice. She discovered that the girl had a secret love, a young artist named Luca, and that they had been torn apart by external forces, social expectations, and conventions. The passion between them was strong, but fear and repression had triumphed, leading Beatrice to flee in a desperate attempt to find freedom.

One day, while exploring an old antiques market, Alba came across a painting that caught her eye. It was a portrait of Beatrice, painted by Luca. The girl's eyes seemed to look at her with deep sadness but also with an invitation to uncover the truth. Alba understood that she had to dig deeper, not just for Beatrice, but also for herself.

As time passed, the villa began to come alive. The restoration progressed, but Alba felt increasingly tormented by Beatrice's story. Finally, one night, while in the library, she sensed a tangible presence. A soft rustle, like a whisper in the wind, made her turn. Beatrice's figure seemed to materialize among the shadows, and Alba realized that the moment had come to discover the truth.

She decided to organize a search in the nearby woods, where it was said Beatrice had vanished. With her heart pounding, Alba ventured into the dense trees, following a path that seemed to lead her toward a destined fate. After hours of walking, she stumbled upon an old, abandoned well. The voices in the wind seemed to call her, and Alba understood that this was the place where Beatrice had sought her freedom.

With tears in her eyes, she knelt beside the well. At that moment, Beatrice's story intertwined with her own. Both women, though from different times, had sought freedom and a sense of identity. Alba, with her heart swelling with emotions, whispered Beatrice's name, asking for forgiveness for not understanding the depth of her suffering sooner.

The villa, once abandoned and forgotten, had now become a symbol of hope and rebirth. Alba, aware of the power of stories and her connection to the past, decided to transform the house into a refuge for young women seeking redemption. She wanted the House of Lost Dreams to become a place of support and growth, a way to honor the memory of Beatrice and the other women who had lived there.

So, as the sun set once more over the Tuscan hills, Alba finally felt at peace. She had found her path and, through Beatrice's story, had discovered her own identity and the strength to dream. The villa was no longer just an abandoned house but a place where the stories of lost dreams could finally rise again.

Un Fiore per Giuseppe

Ginevra tornò nella sua città natale in Puglia dopo molti anni trascorsi a studiare botanica in città. Il richiamo della sua famiglia, in particolare quello del padre anziano, Giuseppe, la spingeva a tornare. Quando arrivò, si sentì avvolta da una dolce nostalgia, ma anche da un certo peso nel cuore. Giuseppe, un tempo un uomo vigoroso e pieno di vita, era diventato fragile e confuso.

La casa di famiglia, un tempo piena di colori e suoni, ora sembrava silenziosa e dimenticata. La prima cosa che Ginevra notò fu il giardino: un tempo un luogo di bellezza, ora era un ammasso di erbacce e piante abbandonate. Con la sua esperienza da botanica, decise di dedicarsi a riportare il giardino alla vita.

Ogni mattina, Ginevra si alzava presto e si dirigeva verso il giardino, armata di guanti, vanga e tanto amore. Iniziò a liberare il terreno dalle erbacce, a potare gli alberi e a piantare nuovi fiori. Mentre lavorava, si sentiva avvolta da un profondo senso di connessione con il passato. Ogni pianta che rianimava sembrava raccontare una storia, un ricordo legato a suo padre e alla sua infanzia.

Durante una delle sue sessioni di giardinaggio, Ginevra trovò un vecchio diario nascosto sotto una pietra. Curiosa, lo aprì e iniziò a leggere. Le pagine erano ingiallite dal tempo, ma le parole erano ancora vive. Era il diario di suo padre, in cui annotava i suoi sogni e le sue aspirazioni per il futuro, non solo per se stesso, ma anche per Ginevra. Scoprì che Giuseppe aveva sempre desiderato che lei seguisse una carriera nell'arte, ma aveva rispettato la sua scelta di studiare botanica, nonostante il suo sogno non realizzato.

Leggendo il diario, Ginevra si rese conto di quanto suo padre avesse sacrificato per lei. Ogni parola era intrisa di amore, speranza e, allo stesso tempo, di rifiuto. Giuseppe aveva lottato per mantenere la famiglia unita e felice, ma in quel processo, molti dei suoi sogni erano andati perduti.

Ginevra continuò a lavorare nel giardino, trovando conforto nella terra e nelle piante. Con ogni nuovo fiore che sbocciava, sentiva che stava ricostruendo non solo il giardino, ma anche il rapporto con suo padre. Ogni giorno, la vista di Giuseppe che la osservava con un sorriso e una luce negli occhi, la incoraggiava a fare di più.

Un pomeriggio, mentre stava piantando una serie di margherite bianche, Ginevra ebbe un'idea. Decise di organizzare una mostra di fiori per il suo paese, un evento che avrebbe celebrato il giardino e le sue radici familiari. Voleva onorare suo padre e i suoi sogni, mostrando come la bellezza della natura potesse guarire e unire le persone.

Il giorno della mostra, il giardino era un tripudio di colori. Gli abitanti del paese furono invitati a venire a vedere le meraviglie che Ginevra aveva creato. Giuseppe, con una camicia bianca e un sorriso radioso, era al suo fianco, orgoglioso della figlia e felice di vedere la sua opera di revival.

Quando le persone iniziarono ad arrivare, il giardino si riempì di risate e conversazioni. Ginevra si sentì finalmente in pace. Mentre parlava con gli ospiti, si rese conto di quanto fosse importante il legame con la propria terra e la propria famiglia.

Quando il sole cominciò a tramontare, tingendo il cielo di arancione e rosa, Ginevra prese un momento per riflettere. Guardò suo padre, che stava conversando con alcuni vicini, e capì che la riconciliazione tra loro era avvenuta. Attraverso il giardino, avevano entrambi scoperto nuovi sogni e nuove possibilità.

In quell'istante, Ginevra comprese che il giardino non era solo un luogo di crescita per le piante, ma anche per la loro relazione. Era un simbolo di tutto ciò che avevano affrontato e di come, insieme, potessero trovare la bellezza nelle loro vite. I fiori che sbocciavano rappresentavano non solo i sogni di Giuseppe, ma anche quelli di Ginevra, legati indissolubilmente tra loro.

Con il cuore pieno di gratitudine e amore, Ginevra si avvicinò a Giuseppe e gli porse una margherita bianca, dicendo: "Un fiore per te, papà. Per i tuoi sogni, e per i miei." Giuseppe la guardò, commosso, e accettò il fiore, consapevole che il giardino che avevano ricostruito insieme era solo l'inizio di un nuovo capitolo nella loro vita.

A Flower for Giuseppe

Ginevra returned to her hometown in Puglia after many years spent studying botany in the city. The call of her family, particularly that of her elderly father, Giuseppe, urged her to come back. Upon her arrival, she was enveloped by a sweet nostalgia but also felt a heavy weight in her heart. Giuseppe, once a vigorous and lively man, had become fragile and confused.

The family home, once full of colors and sounds, now seemed silent and forgotten. The first thing Ginevra noticed was the garden: once a place of beauty, it had become a tangle of weeds and abandoned plants. With her experience as a botanist, she decided to dedicate herself to bringing the garden back to life.

Every morning, Ginevra would rise early and head to the garden, armed with gloves, a spade, and a lot of love. She began to clear the ground of weeds, prune the trees, and plant new flowers. As she worked, she felt a deep sense of connection to the past. Each plant she revived seemed to tell a story, a memory tied to her father and her childhood.

During one of her gardening sessions, Ginevra found an old diary hidden under a stone. Curious, she opened it and began to read. The pages were yellowed with age, but the words were still vibrant. It was her father's diary, in which he recorded his dreams and aspirations for the future, not only for himself but also for Ginevra. She discovered that Giuseppe had always wanted her to pursue a career in art but had respected her choice to study botany, despite his unfulfilled dream.

As Ginevra read the diary, she realized how much her father had sacrificed for her. Every word was infused with love, hope, and, at the same time, rejection. Giuseppe had fought to keep the family united and happy, but in the process, many of his own dreams had been lost.

Ginevra continued to work in the garden, finding comfort in the earth and the plants. With each new flower that bloomed, she felt she was rebuilding not only the garden but also her relationship with her father. Each day, the sight of Giuseppe watching her with a smile and a light in his eyes encouraged her to do more.

One afternoon, while planting a row of white daisies, Ginevra had an idea. She decided to organize a flower show for her village, an event that would celebrate the garden and their family roots. She wanted to honor her father and his dreams by showing how the beauty of nature could heal and bring people together.

On the day of the show, the garden was a riot of colors. The townspeople were invited to come and see the wonders that Ginevra had created. Giuseppe, wearing a white shirt and a radiant smile, stood by her side, proud of his daughter and happy to see her revival efforts.

As people began to arrive, the garden filled with laughter and conversation. Ginevra finally felt at peace. As she spoke with the guests, she realized how important the bond with her homeland and her family truly was.

When the sun began to set, painting the sky orange and pink, Ginevra took a moment to reflect. She looked at her father, who was chatting with some neighbors, and understood that reconciliation between them had taken place. Through the garden, they had both discovered new dreams and new possibilities.

In that moment, Ginevra realized that the garden was not only a place for plants to grow but also for their relationship to flourish. It was a symbol of everything they had faced and how, together, they could find beauty in their lives. The blooming flowers represented not only Giuseppe's dreams but also Ginevra's, indelibly linked together.

With her heart full of gratitude and love, Ginevra approached Giuseppe and handed him a white daisy, saying, "A flower for you, Dad. For your dreams, and for mine." Giuseppe looked at her, moved, and accepted the flower, knowing that the garden they had rebuilt together was just the beginning of a new chapter in their lives.

L'Amico Perduto

Riccardo, un professore di filosofia in pensione, sedeva nella sua biblioteca a Firenze, circondato da libri antichi e polverosi. Le luci del pomeriggio filtravano attraverso le tende di pizzo, creando un'atmosfera calda e nostalgica. Sebbene avesse trascorso una vita dedicata all'insegnamento e alla riflessione, oggi la sua mente era assorbita da un pensiero che lo tormentava da anni: la sua amicizia perduta con Nicola, il suo migliore amico d'infanzia.

Riccardo e Nicola erano stati inseparabili. Cresciuti nello stesso quartiere, avevano condiviso segreti, avventure e sogni. Ma un litigio banale, una discussione infantile, aveva messo fine alla loro amicizia. Con il passare del tempo, Riccardo si era allontanato da Nicola, perdendosi nei suoi studi e nella vita accademica, mentre la memoria dell'amico svaniva lentamente.

Un giorno, sfogliando il quotidiano locale, Riccardo si imbatte in un necrologio. Con il cuore in subbuglio, riconobbe il nome: Nicola. Era deceduto, lasciando la sua famiglia e una serie di ricordi che Riccardo non avrebbe mai dovuto dimenticare. L'evento lo colpì profondamente, come una freccia scagliata dal passato. Riccardo sentì un peso schiacciante sul cuore e una marea di emozioni lo sopraffece. Sentì il rimorso che lo attanagliava, la sensazione di aver lasciato qualcosa di incompleto.

Dopo giorni di riflessione, Riccardo decise di contattare la famiglia di Nicola. Non era facile, ma la necessità di chiarire i suoi sentimenti e di onorare la memoria dell'amico lo spinse ad agire. Inviò una lettera, esprimendo le sue condoglianze e chiedendo di poter incontrare i familiari.

Nonostante le sue paure, ricevette una risposta calorosa. La famiglia di Nicola lo accolse a braccia aperte. Arrivato a casa di Nicola, Riccardo si sentì sopraffatto dalla nostalgia. La casa era piena di foto e ricordi che raccontavano la vita di un uomo che aveva avuto una grande influenza su di lui, anche dopo tutti quegli anni.

Durante il suo incontro con la moglie di Nicola, Maria, e i suoi figli, Riccardo scoprì che Nicola aveva parlato spesso di lui, ricordando i momenti felici che avevano condiviso. Riccardo si sentì in parte sollevato e in parte triste. Ogni storia che Maria raccontava era un tuffo nel passato, e ogni sorriso dei figli di Nicola era un ricordo di ciò che era stato.

Mentre condividevano aneddoti, Riccardo si sentì finalmente libero di esprimere il rimorso che aveva portato con sé per così tanto tempo. Raccontò della loro lite, di come fosse stata stupida e di come avesse perso di vista ciò che davvero contava. La moglie di Nicola lo ascoltò con comprensione, accettando il suo dolore come parte del percorso di vita.

Il giorno volgeva al termine e la luce del sole iniziava a calare, riempiendo la stanza di una luce dorata. Riccardo guardò i volti familiari di Nicola e si rese conto che, nonostante la loro separazione, il legame tra di loro era ancora vivo. Quella serata, seduti insieme, condividendo risate e lacrime, sembrava ricreare un ponte tra il passato e il presente.

Riccardo tornò a casa con un senso di pace che non provava da anni. Aveva affrontato il suo passato e si era riconciliato con esso. La perdita di Nicola rimaneva un vuoto nel suo cuore, ma ora sapeva che l'amicizia non era davvero perduta. Era semplicemente cambiata, evolvendo in qualcosa di nuovo.

Con una nuova consapevolezza, Riccardo cominciò a scrivere. Le sue pagine si riempirono di ricordi, di pensieri sulla vita e sull'amicizia, e di riflessioni su come il perdono potesse guarire le ferite più profonde. La scrittura divenne il suo modo di onorare Nicola, un atto di amore e riconoscenza per un'amicizia che, sebbene avesse subito una frattura, continuava a esistere nei ricordi e nei cuori di coloro che avevano amato.

Riccardo capì che, sebbene le parole non potessero riportare Nicola indietro, potevano almeno portare conforto a lui e alla sua famiglia. Così, scrisse una lettera a Nicola, una lettera che avrebbe voluto aver inviato anni prima, e la tenne come un promemoria del potere dell'amicizia, del perdono e della riconciliazione, anche nei momenti più bui della vita.

The Lost Friend

Riccardo, a retired philosophy professor, sat in his library in Florence, surrounded by dusty, ancient books. The afternoon light filtered through lace curtains, creating a warm and nostalgic atmosphere. Although he had spent a life dedicated to teaching and contemplation, today his mind was consumed by a thought that had tormented him for years: his lost friendship with Nicola, his childhood best friend.

Riccardo and Nicola had been inseparable. Growing up in the same neighborhood, they shared secrets, adventures, and dreams. But a trivial argument, a childish dispute, had ended their friendship. Over time, Riccardo distanced himself from Nicola, losing himself in his studies and academic life, while the memory of his friend slowly faded away.

One day, while browsing the local newspaper, Riccardo came across an obituary. His heart raced as he recognized the name: Nicola. He had passed away, leaving behind his family and a collection of memories Riccardo should never have forgotten. The news struck him deeply, like an arrow shot from the past. Riccardo felt an overwhelming weight on his heart, and a tide of emotions surged over him. Remorse tightened its grip on him, a sense of having left something incomplete.

After days of reflection, Riccardo decided to reach out to Nicola's family. It wasn't easy, but the need to clarify his feelings and honor his friend's memory compelled him to act. He sent a letter, expressing his condolences and requesting to meet the family.

Despite his fears, he received a warm response. Nicola's family welcomed him with open arms. Arriving at Nicola's home, Riccardo was overwhelmed by nostalgia. The house was filled with photographs and memories that told the story of a man who had greatly influenced him, even after all those years.

During his meeting with Nicola's wife, Maria, and their children, Riccardo learned that Nicola often spoke of him, reminiscing about the happy moments they had shared. Riccardo felt a mix of relief and sadness. Every story Maria told was a dive into the past, and every smile from Nicola's children was a reminder of what once was.

As they shared anecdotes, Riccardo finally felt free to express the remorse he had carried for so long. He recounted their argument, how foolish it had been, and how he had lost sight of what truly mattered. Nicola's wife listened with understanding, accepting his pain as part of life's journey.

The day began to fade, and the sunlight started to lower, filling the room with a golden glow. Riccardo looked at Nicola's familiar faces and realized that, despite their separation, the bond between them was still alive. That evening, sitting together, sharing laughter and tears, seemed to recreate a bridge between the past and the present.

Riccardo returned home with a sense of peace he hadn't felt in years. He had faced his past and reconciled with it. The loss of Nicola remained a void in his heart, but now he knew that friendship was not truly lost. It had simply changed, evolving into something new.

With a newfound awareness, Riccardo began to write. His pages filled with memories, thoughts about life and friendship, and reflections on how forgiveness could heal the deepest wounds. Writing became his way to honor Nicola, an act of love and gratitude for a friendship that, though fractured, continued to exist in the memories and hearts of those who had loved.

Riccardo understood that although words could not bring Nicola back, they could at least provide comfort to him and his family. So, he wrote a letter to Nicola, a letter he wished he had sent years before, and kept it as a reminder of the power of friendship, forgiveness, and reconciliation, even in the darkest moments of life.

Il Giardino Segreto

Milan, con il suo ritmo frenetico e la sua vivace cultura, era diventata la nuova casa di Laura, una professoressa di storia dell'arte in pensione. Dopo anni trascorsi a insegnare e a esplorare le meraviglie dell'arte, si era finalmente ritirata nella sua piccola ma affascinante appartamento. Durante il trasloco, mentre sfogliava le scatole e riordinava i suoi ricordi, un'idea la colpì: scoprire il misterioso giardino che si trovava dietro l'appartamento.

Quando finalmente si avventurò nel giardino, Laura si trovò di fronte a una scena che sembrava uscita da un sogno. La vegetazione era cresciuta incontrollata, coprendo ogni angolo con un manto di foglie e fiori selvatici. Con il cuore che batteva forte per la curiosità, iniziò a sgombrare i rami e le erbacce, rivelando gradualmente un luogo incantevole, come se il tempo si fosse fermato.

Mentre lavorava, Laura scoprì dei resti dimenticati di una bellezza passata: sculture coperte di muschio, quadri sbiaditi dal sole e, tra le radici di un albero secolare, trovò un vecchio cofanetto di legno. Aprendolo, si imbatté in una serie di lettere ingiallite, scritte a mano, che appartenevano a Isabella, una giovane artista che aveva vissuto in quell'appartamento all'inizio del ventesimo secolo.

Le lettere raccontavano la vita di Isabella: le sue aspirazioni artistiche, i sogni di una carriera che sfidava le convenzioni di un'epoca in cui le donne lottavano per farsi sentire. Laura lesse delle sue incertezze e delle sue battaglie nel mondo dell'arte, ma anche della sua storia d'amore non corrisposta con Marco, un altro artista che aveva condiviso i suoi sogni e le sue delusioni.

Immergendosi nella vita di Isabella, Laura sentì una connessione profonda. Le parole scritte con passione le facevano rivivere le sue stesse aspirazioni artistiche, che aveva messo da parte negli anni. Le lettere diventavano specchi dei suoi sogni sepolti, e così, ispirata dalla determinazione di Isabella, Laura decise di riprendere il pennello in mano e di riaccendere la sua passione per la pittura.

Mentre lavorava nel giardino, incontrò Francesco, il suo vicino. Un giardiniere riservato ma gentile, Francesco le offrì il suo aiuto. Insieme, iniziarono a ripulire il giardino e a riportarlo alla vita. Francesco condivise le sue conoscenze sulle piante e il giardinaggio, e la loro amicizia crebbe lentamente, alimentata da conversazioni sincere e momenti di condivisione.

Man mano che il giardino fioriva, anche Laura iniziava a ritrovare la sua voce artistica. Con ogni colpo di pennello, esprimeva le sue emozioni e le sue esperienze, creando opere che riflettevano non solo la bellezza del giardino, ma anche la profondità della sua anima. Francesco, a sua volta, rivelava i suoi sogni di diventare un artista a tempo pieno, e insieme si incoraggiavano a esplorare le loro passioni.

Il giardino divenne un'oasi di creatività, dove il passato e il presente si incontravano. Laura e Francesco, attraverso il loro lavoro e la loro collaborazione, affrontarono le loro paure e le loro incertezze. Scoprirono che l'arte e la natura avevano il potere di guarire, unire e trasformare.

Alla fine dell'estate, il giardino fiorito non era solo un rifugio per Laura e Francesco, ma anche un tributo a Isabella. Laura si rese conto che la vita di Isabella non era stata vana; le sue lettere avevano toccato il cuore di un'altra artista, ispirando un nuovo inizio. Con il giardino che fioriva intorno a lei, Laura abbracciò il suo passato e guardò con speranza verso il futuro, pronta a continuare la sua storia e a lasciare il segno nel mondo, proprio come Isabella aveva sognato.

The Secret Garden

Milan, with its frenetic pace and vibrant culture, had become the new home of Laura, a retired art history professor. After years spent teaching and exploring the wonders of art, she had finally settled into her small but charming apartment. During the move, as she flipped through boxes and sorted her memories, an idea struck her: to discover the mysterious garden that lay behind her apartment.

When she finally ventured into the garden, Laura found herself facing a scene that seemed to come straight out of a dream. The vegetation had grown wild, covering every corner with a blanket of leaves and wildflowers. With her heart pounding with curiosity, she began to clear away the branches and weeds, gradually revealing an enchanting place, as if time had stood still.

As she worked, Laura uncovered forgotten remnants of past beauty: sculptures covered in moss, sun-faded paintings, and, among the roots of a centuries-old tree, she found an old wooden box. Opening it, she stumbled upon a series of yellowed, handwritten letters that belonged to Isabella, a young artist who had lived in that apartment in the early twentieth century.

The letters told the story of Isabella's life: her artistic aspirations, her dreams of a career that challenged the conventions of an era when women struggled to be heard. Laura read of Isabella's uncertainties and battles in the art world, as well as her unrequited love for Marco, another artist who had shared her dreams and disappointments.

As Laura immersed herself in Isabella's life, she felt a deep connection. The passionately written words brought back her own artistic aspirations, which she had set aside over the years. The letters became mirrors reflecting her buried dreams, and so, inspired by Isabella's determination, Laura decided to pick up the paintbrush again and reignite her passion for painting.

While working in the garden, she met Francesco, her neighbor. A reserved but kind gardener, Francesco offered his help. Together, they began to clean up the garden and bring it back to life. Francesco shared his knowledge of plants and gardening, and their friendship slowly grew, fueled by sincere conversations and shared moments.

As the garden flourished, Laura began to rediscover her artistic voice as well. With each stroke of the brush, she expressed her emotions and experiences, creating works that reflected not only the beauty of the garden but also the depth of her soul. Francesco, in turn, revealed his dreams of becoming a full-time artist, and together they encouraged each other to explore their passions.

The garden became an oasis of creativity, where the past and present met. Through their work and collaboration, Laura and Francesco confronted their fears and uncertainties. They discovered that art and nature had the power to heal, unite, and transform.

By the end of summer, the blooming garden was not only a refuge for Laura and Francesco but also a tribute to Isabella. Laura realized that Isabella's life had not been in vain; her letters had touched the heart of another artist, inspiring a new beginning. With the flourishing garden around her, Laura embraced her past and looked hopefully toward the future, ready to continue her story and leave her mark on the world, just as Isabella had dreamed.